Género Ficción realista

I0799108

Pregunta esencial

¿Cómo nos afecta el tiempo?

Una ola de calor

Donna Loughran

ilustrado por Laura Ferraro Close

CAPÍTULO 1

En la alberca

—Tengo calor —dice Tadeo. Y toma un sorbo de limonada.

—Yo más —dice Jamal. Y toma un poco de helado.

—Y yo más que nadie —dice Martín—. Tengo más calor que un muñeco de nieve en la playa...

Los otros dos niños se ríen.

Los niños están en el club de campo con sus familias. El club está repleto de gente. Todo el mundo quiere refrescarse. Los asientos a la sombra están ocupados. La alberca esta llena de niños con sus padres.

Detective del lenguaje ¿Cuál es el sujeto de la oración subrayada?

—Este mes fue muy seco —dice Tadeo—. Mi mamá dice que este es el verano más caluroso en años.

—Espero que llueva —opina Jamal—, porque las plantas están secándose.

—¿Vamos al agua? —pregunta Martín.

—Primero debemos ponernos más protector solar —explica Jamal.

Los niños se acercan a sus padres. El papá de Martín le pone protector solar. Jamal y Tadeo se lo ponen solos. Luego los tres corren al agua.

CAPÍTULO 2

Pensar en frío

—Pensemos en cosas heladas —dice Tadeo.

—¿Como qué? —pregunta Jamal.

—Por ejemplo... —dice Tadeo—. ¡Que navegamos en cubos de hielo!

—O que esquiamos en una montaña de helado —dice Jamal.

Tadeo se ríe y pregunta:

—¿De qué sabor?

—¡De fresa, por supuesto! —responde Jamal.

—Estoy de acuerdo —dice Martín, y salpica a sus amigos.

—Ya sé —dice Tadeo—. ¡Podríamos viajar a otro país!

—¿A qué país te gustaría ir? —pregunta Jamal.

—Mmm... A un lugar congelado y lejano —responde Tadeo.

—¿Qué tal al Polo Norte? —dice Jamal.

—Mejor a otro planeta... —le contesta Tadeo.

—¡A Neptuno! —dice Jamal—. Neptuno es el planeta más lejano.

—¡Espléndido! —grita Martín—. ¡Ese sí que sería un plan diferente!

Detective del lenguaje	¿Cuál es el sujeto de la oración subrayada?

CAPÍTULO 3

Premio para la imaginación

—¿Qué más imaginan? —insiste Tadeo.

—Nadar en un plato lleno de arroz con leche —dice Jamal.

—¡Simplemente delicioso! —dice Martín, y salpica de nuevo.

—Deberíamos obtener un premio por nuestras ideas —dice Tadeo.

—Sigan alimentando la imaginación, pero no se olviden de tomar mucha agua... —interrumpe la mamá de Tadeo—. Es lo principal para hacer frente al calor.

—¡Carrera hasta el bebedero! —grita Jamal—. ¡El agua está fresca!

Respuesta a la lectura

Volver a contar

Vuelve a contar *Una ola de calor* con tus propias palabras.

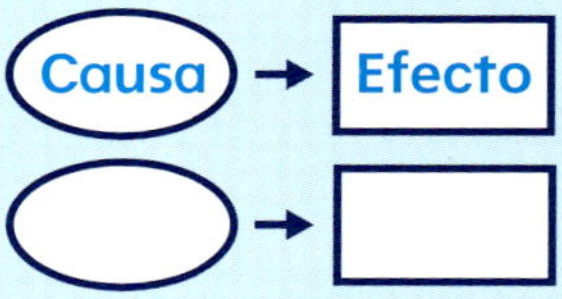

Evidencia en el texto

1. ¿Por qué el club de campo está repleto de gente? **Causa y efecto**
2. ¿Por qué Jamal dice que las plantas están secándose? **Causa y efecto**
3. ¿Cómo sabes que *Una ola de calor* es un cuento de ficción realista? **Género**

Género **No ficción**

Compara los textos

Lee más sobre cómo protegerte del sol.

Me protejo del sol

¿Cómo nos protegemos cuando estamos al sol? Podemos aprender de los animales.

Al sol

El caparazón de las tortugas las protege del sol. Nosotros nos cubrimos el cuerpo con ropa. Usamos camisetas, pantalones, zapatos, etcétera... ¡Y también sombrero! Así nos cubrimos la cara, las orejas y el cuello para que el sol no nos haga daño.

Los cerdos se revuelcan en el lodo. El lodo los protege del sol. Nosotros usamos cremas con filtro solar. Nos protege la piel. Usa filtro solar todos los días, ¡incluso cuando esté nublado!

A la sombra

Los círculos oscuros que tienen las suricatas alrededor de los ojos funcionan como gafas de sol. ¡Cuando estés al sol, ponte las gafas!

Cuando el sol es fuerte, los leones se quedan a la sombra. Imítalos: ¡quédate a la sombra!

Lo principal es que bebas mucha agua, ¡eso hacen los animales!

¿? Haz conexiones

Mira ambas selecciones. ¿Cómo te proteges del calor? El texto y otros textos

Enfoque: Ciencias

Propósito Aprender qué efecto tienen el calor y el agua en las plantas

Paso a paso

Paso 1 Coloca en una ventana soleada dos macetas con pasto.

Paso 2 Durante cinco días, riega una de las macetas.

Paso 3 No riegues la otra maceta.

Conclusión ¿Qué pasó con el pasto que no regaste?